KB216184

영원의 강

영원의 강

샹까라의 문답의 화환

샹까라 지음 | 김병채 옮김

🕉 슈리 크리슈나다스 아쉬람

서문

처음 인도로 가서 머물던 곳에서 박사님과 일대일의 클래스를 가지게 되었다. 나같은 경우야 요가에 대해서는 일천하였고 그분께서는 너무나 방대한 내용을 설명해주셨다. 클래스 중간이면 사모님께서 짜이, 브라운 설탕과 쿠키를 내어오셨다.

클래스가 끝나고 나오면 사모님께서는 햇살이 든 평상에서 낡은 소책자를 늘 읽고 계셨다. 두꺼운 책을 공부하던 나에게 그것이 궁금하였다.

저 소책자에 무엇이 담겨 있기에, 사모님의 영혼을 그렇게도 끌어당겼을까? 그분께서는 힌디어를 아시고 나는 영어를 조금 아는 정도였다. 두 사람 간

에는 언어로 교류할 수 있는 길이 없었다. 궁금하였지만 나는 그 책이 무엇인지를 물어보는 기회를 끝내 놓쳐버렸다.

많은 세월이 흘러갔지만, 소책자가 궁금하였는가 보다. 여러 경전들을 보다가 우연히 샹까라의 짧은 글을 접하게 되었다. 짧지만 보석 같은 내용을 담고 있어서 놀랐다.

두고두고 읽어도 될 소중한 글이다. 물론 이 소책자의 내용이 그분께서 읽고 계셨던 그 내용은 아니겠지만, 손때가 묻도록 읽어도 될만한 책이다.

마음이 영혼의 글에다 담그면 서서히 영혼의, 영원한 사람이 되는 것이다. 이 샹까라의 소책자를 독자들과 함께 하게 되어 기쁘다.

1

영적 구도자가 할 수 있는
최고의 일은 무엇입니까?

구루의 가르침들을 행하는 것.

2

피해야 할 것은 무엇입니까?

진리를 벗어난 큰 무지로 우리를
나아가게 하는 행위들.

3

구루는 누구입니까?

브람만의 진리를 발견했고,
언제나 제자들의 행복에 신경을 쓰는 사람.

4

올바른 이해를 가진 사람에게 최우선이고

가장 중요한 의무는 무엇입니까?

세상적인 욕망의 끈들을 잘라내는 것.

5

어떻게 해방될 수 있습니까?

브람만에 대한 지식을 얻음으로써.

6

이 세상에서 누가 순수하다고
불릴 수 있습니까?

마음이 순수한 자.

7

누가 현명하다고 불릴 수 있습니까?

진짜와 가짜를 구별할 수 있는 자.

8

무엇이 영적 구도자들을 더럽힙니까?

구루의 가르침들에 대한 태만.

9

인간으로 태어난 사람에게 있어서,
가장 바람직한 목표는 무엇입니까?

자신의 궁극적 선을 깨닫고,
다른 사람들에게 계속해서 선한 일을
행하는 것.

10

술처럼 인간을 현혹시키는 것은 무엇입니까?

감각 대상들에 대한 집착.

11

도둑들은 무엇입니까?

진리로부터 우리의 가슴을 빼앗아가는

대상들.

12

세상의 욕망의 속박을 유발하는 것은
무엇입니까?

이런 대상들을 즐기고자 하는 갈망.

13

영적 성장의 장애물은 무엇입니까?

게으름.

14

다른 사람들을 굴복시킬 수 있는
가장 좋은 무기는 무엇입니까?

건전한 논리.

15

힘은 어디에 존재합니까?

인내에.

16

독은 어디에 있습니까?

악한 자들 안에.

17

두려움 없음은 무엇입니까?

초연.

18

무엇을 가장 두려워해야 합니까?

자신의 부에 사로잡히는 것.

19

사람들 사이에서 가장 찾기 힘든 것은
무엇입니까?

신에 대한 사랑.

20

가장 없애기 힘든 악들은 무엇입니까?

질투와 시기.

21

신에게 가장 소중한 사람은 누구입니까?

두려움이 없고 다른 사람들로부터
두려움을 가져가는 자.

22

어떻게 해방에 이를 수 있습니까?

영적 수련들을 행함으로써.

23

누가 가장 사랑스럽습니까?

브람만을 아는 자.

24

어떻게 분별력을 발달시킬 수 있습니까?

웃어른을 섬김으로써.

25

누가 웃어른들입니까?

궁극의 진리를 깨달은 사람들.

26

누가 진정으로 부유합니까?

헌신적으로 신을 숭배하는 자.

27

누가 자신의 삶에서 이익을 얻습니까?

겸손한 자.

28

누가 실패한 사람입니까?

자만하는 자.

29

인간에게 가장 힘든 일은 무엇입니까?

자신의 마음을 항상 통제 아래에 두는 것.

30

누가 구도자를 보호합니까?

그의 구루.

31

누가 이 세상의 스승입니까?

신.

32

어떻게 지혜를 얻습니까?

신의 은총으로.

33

어떻게 해야 해방됩니까?

신에 대한 헌신으로.

34

신은 누구입니까?

우리를 무지로부터 끌고 나오는 분.

35

무지란 무엇입니까?

우리 안에 있는 신성의 펼침에 대한
장애물.

36

궁극의 실재는 무엇입니까?

브람만.

37

실재가 아닌 것은 무엇입니까?

지식이 깨어나면 사라지는 것.

38

무지는 얼마나 오랫동안 있어왔습니까?

시작이 없던 때부터.

39

피할 수 없는 것은 무엇입니까?

몸의 죽음.

40

우리는 누구를 숭배해야 합니까?

신의 화신.

41

해방은 무엇입니까?

무지의 파괴.

42

믿어서는 안 되는 사람은 누구입니까?

습관적으로 거짓말을 하는 자.

43

성스러운 사람의 힘은 어디에서 나옵니까?

신에 대한 믿음에서.

44

성스러운 사람은 누구입니까?

늘 희열에 있는 사람.

45

죄로부터 자유로운 자는 누구입니까?

신의 이름을 챈트하는 자.

46

모든 경전들의 근원은 무엇입니까?

성스러운 음절 옴.

47

우리가 세상의 바다를 건널 수 있도록 해 주는
것은 무엇입니까?

신의 연꽃같은 발.
그것들은 큰 배와 같이 우리를 실어 나른다.

48

누가 속박됩니까?

세상적인 것에 집착하는 자.

49

누가 자유롭습니까?

초연의 사람.

50

어떻게 낙원에 이를 수 있습니까?

갈망들에서 벗어남으로.

51

무엇이 갈망을 파괴합니까?

자신의 진정한 나를 깨달음으써.

52

지옥의 문은 무엇입니까?

욕정.

53

누가 행복 안에 삽니까?

사마디에 이른 사람.

54

누가 깨어있습니까?

옳고 그름을 분별하는 사람.

55

우리의 적들은 누구입니까?

통제되지 않을 때의
우리의 감각 기관들.

56

우리의 친구들은 누구입니까?

통제될 때의 우리의 감각 기관들.

57

누가 가난합니까?

탐욕스러운 자.

58

누가 완전히 눈이 멀었습니까?

욕정에 가득 찬 자.

59

누가 세상을 극복했습니까?

자신의 마음을 정복한 자.

60

영적 구도자의 의무들은 무엇입니까?

신성한 사람과 교제하기,
"나"와 "나의 것"이라는 모든 생각들을 버리기,
신에게 자신을 헌신하기.

61

누구의 탄생이 축복받은 것입니까?

다시 태어나지 않아도 되는 사람의 탄생.

62

누가 불멸합니까?

또 다른 죽음을 겪지 않아도 되는 사람.

63

완전한 포기는 언제 확립됩니까?

아뜨만과 브람만이 하나라는 것을 알 때.

64

무엇이 올바른 행위입니까?

신을 기쁘게 하는 행위.

65

이 세상에서 가장 큰 공포는 무엇입니까?

죽음에 대한 두려움.

66

누가 가장 위대한 영웅입니까?

아름다운 이성의 유혹의 눈길을 받고도
넋을 잃지 않는 자.

67

누가 가난합니까?

만족하지 않는 자.

68

치사함은 무엇입니까?

자신보다 적게 가진 이에게
구걸하는 것.

69

우리는 누구를 존경해야 합니까?

누구에게도 구걸하지 않는 자.

70

이 세상에서 누가 진정으로 살아있습니까?

자신의 성격에 흠이 없는 자.

71

누가 깨어있습니까?

분별을 수행하는 자.

72

누가 잠들어 있습니까?

무지 속에 사는 자.

73

무엇이 연꽃잎의 물방울처럼 빠르게
굴러떨어집니까?

젊음, 부 그리고 그의 삶의 세월들.

74

누가 달빛처럼 순수하다고 말해집니까?

신성한 사람들.

75

지옥은 무엇입니까?

다른 사람들의 노예로 사는 것.

76

무엇이 행복입니까?

초연.

77

사람의 의무는 무엇입니까?

모든 존재들에게 선을 행하는 것.

78

얻자마자 가치가 없는 것은 무엇입니까?

명예와 명성.

79

무엇이 행복을 가져다줍니까?

성스러운 이들과의 우정.

80

죽음은 무엇입니까?

무지.

81

가장 가치가 있는 것은 무엇입니까?

적절한 때에 주어진 선물.

82

어떤 병이 사람이 죽을 때까지 떠나지 않고
남아있습니까?

숨겨져 있던 악행.

83

무엇을 애써야 합니까?

살아있는 한 계속 배우기를.

84

무엇을 싫어해야 합니까?

다른 사람의 배우자와 재산에 대한 탐욕.

85

무엇을 밤낮으로 생각해야 합니까?

이 세상이 얼마나 덧없는지를 생각해야 한다.
욕정의 생각들을 절대 해서는 안 된다.

86

무엇을 가장 소중히 여겨야 합니까?

연민 그리고 성스러운 사람들과의 우정.

87

아무리 최선을 다해도 누구의 가슴을 얻을 수
없습니까?

어리석은 이의 가슴,
두려워하거나 슬픔에 사로잡히거나
감사할 줄 모르는 사람의 가슴.

88

누가 세상의 유혹들을 피합니까?

진실한 자, 그리고 쾌락이나 고통과 같은
삶의 모든 대립되는 것들에도
흔들리지 않고 있을 수 있는 자.

89

신들은 누구에게 경의를 표합니까?

연민이 있는 사람에게.

90

모든 사람들은 누구를 존경해야 합니까?

겸손하고, 사람들에게 도움이 되고 그리고
그들을 행복하게 만들 수 있는
진리를 말하는 사람.

91

누가 눈이 멀었습니까?

악한 행위들을 하는 자.

92

누가 귀가 먹었습니까?

좋은 충고에 귀 기울이려 하지 않는 자.

93

누가 멍청합니까?

필요할 때 친절한 말들을 하지 않는 자.

94

누가 친구입니까?

악한 일을 하지 못하게 하는 자.

95

사람의 가장 좋은 장신구는 무엇입니까?

좋은 성격.

96

무엇이 번개만큼이나 빨리 끝납니까?

악한 남자나 여자들과의 우정.

97

이 세상에서 가장 드문 자질들은 무엇입니까?

연민이 있는 달콤한 말을 하는 재능을 가지는 것,
자만심 없이 배움을 얻는 것,
영웅적이면서도 너그러운 것,
부들에 대한 집착이 없이 부유한 것,
이 네 가지는 드물다.

98

무엇을 가장 개탄해야 합니까?

부자들의 인색함.

99

무엇이 칭찬받아야 합니까?

너그러움.

100

누가 현명한 사람들에 의해 존경받습니까?

겸손한 사람.

101

누가 무리 중에서 영광을 얻습니까?

위대함이 주어졌을 때도
겸손한 사람.

102

누가 이 세상을 마스터했습니까?

말이 달콤하고 이로운 사람,
그리고 옳은 길을 따르는 사람.

103

누가 어떤 위험에도 결코 닿지 않습니까?

현명한 사람의 말들을 따르고,
감각들을 통제하는 자.

104

사람은 어디에 살아야 합니까?

성스러운 사람들과 함께.

105

현명한 사람은 무엇을 입 밖에 내는 것을
삼가야 합니까?

거짓말과 다른 사람들에 대한
사악한 말들.

106

사람은 무엇을 기억해야 합니까?

신의 신성한 이름.

107

영적 구도자들의 적은 무엇입니까?

욕정과 탐욕.

108

사람을 해악으로부터 보호해주는 것은
무엇입니까?

믿을 수 있는 배우자와 자신의 분별력.

109

무엇이 모든 소원들을 들어주는 나무입니까?

구루의 가르침들.

영원의 강

상까라의 문답의 화환

초판발행 2020년 5월 15일

지 은 이 샹까라
옮 긴 이 김병채

펴 낸 이 황정선
출판등록 2003년 7월 7일 제62호
펴 낸 곳 슈리 크리슈나다스 아쉬람
주   소 경상남도 창원시 의창구 북면 신리길 35번길 12-9
대표전화 (055) 299-1399
팩시밀리 (055) 299-1373

전자우편 krishnadass@hanmail.net
홈페이지 www.krishnadass.com

ISBN 978-89-91596-64-1   03270